Ewiges Jetzt

ECON Esoterik

Marie-Luise Stangl

Ewiges Jetzt

Übungen zum
Erleben des Seins

ECON Taschenbuch Verlag

Originalausgabe
2. Auflage 1996 veröffentlicht im ECON Taschenbuch Verlag

© 1988 by ECON Verlag GmbH, Düsseldorf
Umschlaggestaltung: Molesch/Niedertubbesing, Bielefeld
Die Ratschläge in diesem Buch sind von Autor und Verlag sorg-
fältig erwogen und geprüft; dennoch kann eine Garantie nicht
übernommen werden. Eine Haftung des Autors bzw. des Verlags
und seiner Beauftragten für Personen-, Sach- und Vermögens-
schäden ist ausgeschlossen.
Gesetzt aus der Baskerville
Satz: Formsatz GmbH, Diepholz
Druck und Bindearbeiten: Ebner Ulm
Printed in Germany
ISBN 3-612-27978-5

Inhalt

Vorwort

Dieses Büchlein möchte ein Wegbegleiter sein auf der langen Reise nach innen. Es will hinführen in den Augen-Blick, in dem unser Leben abläuft. In den Augen-Blick, den es auszukosten gilt, was immer er uns auch bringen mag. Denn alles, *alles* ist unser Leben. Nur im Augen-Blick können wir es erfahren – und nur in ihm das EWIGE.

Je mehr wir im Augen-Blick leben, in ihm ganz wach und da sind, um so mehr werden wir Stille in uns erfahren – und Leere. Durch Stille und Leere können wir *eins* werden mit allem: mit uns selbst, mit allem, was uns begegnet und mit dem GROSSEN EINEN, wie immer wir es nennen. In dieser Leere, in dieser Stille erfahren wir das Ewige in uns – im Augen-Blick, im Jetzt. Im EWIGEN JETZT.

Mögen alle, die mit diesem Büchlein arbeiten, gesegnet sein.
Mögen wir alle gesegnet und glücklich sein.

O   Marie-Luise Stangl

Augen-Blicke

Befreite Augen

Sitzen mit auf dem Tisch aufgestellten Ellbogen, Handinnenflächen bedecken die Augen (lose, ohne Druck).
Ich spüre meine Augen hinter den geschlossenen Li-
dern, hinter den schützenden Händen, und gehe ganz
in das Gefühl hinein, daß meine Augen sich ausruhen
dürfen. So verbleibe ich geraume Zeit.

Wenn ich so geübt habe, spüre ich vielleicht, daß meine
Augen »gehalten« sind. Wenn das so ist, dann heißt
das nichts anderes, als daß die Muskulatur, die meine
Augen hält, zu sehr gespannt ist, denn eine »gute«
Spannung, eine eutone, die im Ausgleich zwischen
Spannung und Lösung ist – spürt man nicht.
Um die Augen zu befreien, lasse ich nun im rechten
Auge gleichsam dieses Verspanntsein los, gebe es ab in
die rechte Hand und schaue innerlich zu, wie es von
der Hand abfließt über den Unterarm, den Ellbogen
in den Tisch hinein und von da hinab zur Erde. Immer
wieder übe ich:
Alles Angespanntsein aus meinem rechten Auge fließt
in meine Hand und von da aus den beschriebenen
Weg zum Boden. Oder ich kann mir auch immer wieder sagen: Alles, was mein Auge behindert, lasse ich
los. Und stelle mir dann vor, wie es hinunterfließt . . .

(Wer lieber zuerst mit dem linken Auge übt,
z. B. weil es das weniger gute ist, der tut
das. Es spielt keine Rolle, mit welchem Auge
begonnen wird.)

Nach einer kleinen Weile des Übens halte ich inne und vergleiche meine Augen. Wie ist das rechte, wie das linke? Kann ich finden, daß das rechte größer, weiter, feuchter, heller, gleichsam »gebadet« ist? – Und das linke: kleiner, gehaltener, enger, dunkler, trockener, gleichsam »bedürftig«?

Wenn ich die Augen verglichen habe, gebe ich der Bedürftigkeit meines linken Auges nach und arbeite auch mit ihm.

Wenn ich mit beiden Augen geübt habe, nehme ich ganz langsam die Hände weg. Ich spüre, wie die Augen jetzt sind, ohne sie schon zu öffnen. Bin ich bereit, wieder die Welt und die Dinge anzuschauen – so, wie sie sind?

Langsam öffne ich dann die Augen und erlebe meinen Blick – jetzt. Ist dieser Augen-Blick wichtig für mich?

(Eine Erweiterung dieser Übung ist in »Loslösung« auf Seite 12 beschrieben, vor allem für diejenigen, die wissen, daß ihr nicht so gutes Sehen mit Verspannungen im Nacken-Hinterkopfbereich zu tun hat.)

Loslösung

Sitzen mit auf dem Tisch aufgestellten Ellbogen, Handinnenflächen bedecken die Augen (lose, ohne Druck).
Ich spüre meine Augen hinter den geschlossenen Lidern, hinter den schützenden Händen, und gehe ganz in das Gefühl hinein, daß meine Augen sich ausruhen dürfen. So verbleibe ich geraume Zeit.
Dann übe ich, wie in »Befreite Augen« auf Seite 10 f. beschrieben, zuerst das Loslassen des rechten Auges…
Bevor ich jedoch mit dem linken Auge weitermache, kommt folgende erweiternde Übung:
Ich taste mich in Gedanken ein in die rechte Seite meines Hinterhauptes und in die rechte Seite meines Nakkens. Dort nehme ich alles Verspanntsein und Festhalten wahr und versuche es dann abzuleiten wie folgt:
Ich lasse die Verspannung abfließen vom Hinterhaupt und Nacken über die rechte Schulter zum rechten Oberarm, in den Ellbogen, über den Kontakt zum Tisch in den Tisch hinein und von da in den Boden…
Immer wieder übe ich von oben her: Alles Angespanntsein, alles Festhalten, jeder Schmerz darf abfließen über den beschriebenen Weg.

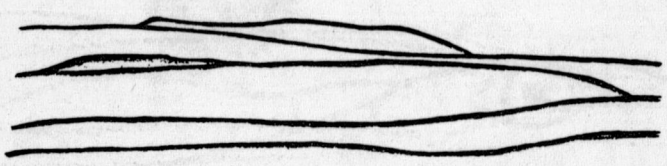

Nun spüre ich das rechte Auge und die rechte Seite des Hinterhauptes und Nackens ganz frei und leicht und weit – und vergleiche jetzt die beiden Augen miteinander und die Seiten des Kopfes und Nackens.

Erst dann übe ich mit dem linken Auge das Loslassen und anschließend mit der linken Seite des Hinterhauptes und des Nackens.

Haben beide Augen losgelassen und sind beide Seiten des Hinterhauptes, des Nackens und der Schultern frei und gelöst – soweit das eben jetzt möglich ist – dann spüre ich ganz in diese Verbindung hinein:

Augen – Hinterhaupt – Nacken – Schultern.

Geht mir bei diesem Spüren irgendeine Erkenntnis auf? Zum Beispiel die, daß das Festhalten und Starr-Sein im Nacken, in den Schultern etwas mit meinem starren Blick, mit meinem Nicht-gut-sehen-können, mit meinen Kopfschmerzen zu tun hat? Ist es das Festhalten überhaupt, das mich hindert, gut zu sehen und eine umfassende Sicht – im doppelten Sinn des Wortes – zu haben?

Wenn ich dies alles in mir abgeklärt habe, nehme ich langsam die Hände von den Augen, spüre noch etwas nach und schaue dann mit »neuen Augen« und entspanntem Nacken um mich . . .

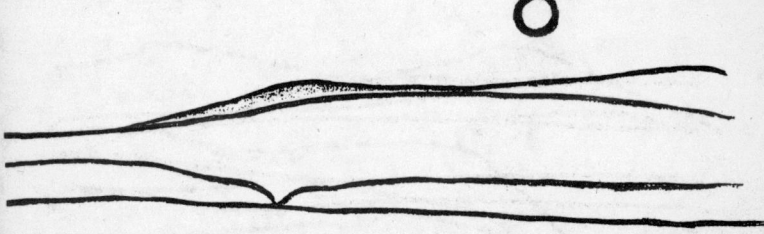

Farbiges Licht

Liegen.

Nach guter Entspannung bei geschlossenen Augen nehme ich inneren Kontakt auf mit meinem rechten Auge. Wie fühlt es sich an in seiner Höhle? Kann ich Verspannungen in der Augenmuskulatur fühlen? Wenn ja, kann ich sie mehr und mehr loslassen? Ich übe das eine kleine Weile, spüre vielleicht das Auge dabei feucht werden und vergleiche es schließlich mit dem linken.

Sobald ich die Augen verglichen habe, kehre ich wieder mit meinem ganzen Bewußtsein zum rechten zurück. Ich stelle mir über ihm in einiger Entfernung (z. B. an der Zimmerdecke oben) ein starkes, helles, gelbes Licht vor, das direkt in mein rechtes Auge hineinstrahlt. Ich weiß, daß dieses Licht eine heilende, kräftigende Wirkung hat. Ich spüre es hereinfließen und mein Auge ganz durchdringen und umhüllen.

Wenn ich das etwas geübt habe, stelle ich mir vor, daß das hellgelbe strahlende Licht weggenommen und

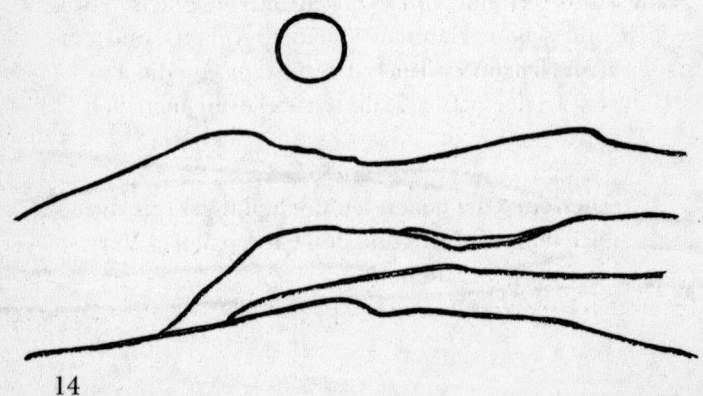

stattdessen ein ruhiges blaues Licht an diese Stelle gegeben wird. Sofort fängt das blaue Licht an, in mein rechtes Auge zu scheinen, und ich spüre, wie es ganz und gar lösend, entspannend wirkt. Ich gebe mich vollkommen dieser Lösung hin, die mein Auge weich und sanft werden läßt . . .

> Wenn ich das Bedürfnis habe, noch einmal das starke helle Licht mit der Heilwirkung in mein Auge hereinzulassen, dann tue ich das, schließe dann jedoch mit dem blauen Licht rechts ab.

Jetzt vergleiche ich wiederum die Augen. Kann ich spüren, was sich in meinem rechten Auge gewandelt und gebildet hat im Vergleich zum linken?
Wenn ich damit fertig bin, übe ich das gleiche mit dem linken Auge, das sicherlich schon sehnsüchtig darauf wartet, bis es an der Reihe ist.
Am Schluß versuche ich, beide Augen ganz unbeschwert und leicht hinabsinken zu lassen in die Hinterhauptschale, wo sie wie in einem blauen See still und ruhig baden dürfen. (Sollte mir jedoch die Vorstellung unangenehm sein, daß die Augen zurücksinken, so lasse ich diesen Teil der Übung einfach weg.)

> Wenn ich am Ende der Übung langsam die Augen wieder öffne, kann ich vielleicht manches ganz
>
> *neu*
>
> sehen dank der heilenden Vorstellungskraft, die mich mit dem Licht und den Farben neu in Verbindung gebracht hat.
> Ich lasse mein Herz dankbar sein . . .

Heilmeditation für die Augen

Sitzen mit auf dem Tisch aufgestellten Ellbogen, Handinnenflächen bedecken die Augen (lose, ohne Druck).
oder
Liegen. Damit die Augen mit den Handinnenflächen bedeckt werden können, und die Arme dabei unbeschwert sind, ist es gut, sich ein etwas festeres Kissen auf die Brust zu legen, auf dem die Ellbogen ausruhen können.

Ich spüre zunächst in meine Augen hinein, genieße die Dunkelheit und das Gefühl, daß sich meine Augen ganz ausruhen dürfen. Ich nehme auch die Augenlider wahr, wie sie so feucht und warm meine Augäpfel bedecken. Vielleicht nimmt die Feuchtigkeit jetzt noch zu?
Dann spüre ich meine Hände warm und ruhig auf der knöchernen Umrandung der Augen aufliegen, so daß ich die Handinnenflächen wie zwei schützende Höhlen erleben kann. Ich nehme den 3fachen Schutz wahr, in dem meine Augen sich befinden: die Augenlider – die umgebenden Knochen – die Hände.
Nun stelle ich mir vor, daß von den Mittelpunkten meiner Handinnenflächen (Handchakren), die ja gerade über den Augäpfeln liegen,

     heilende Wärmestrahlen

in meine Augen hineinströmen. Immer wieder sage ich mir: Von meinen Händen gehen heilende Strahlen aus, in die Augen hinein.

Den Atem lasse ich während der ganzen
Übung tief und ruhig gehen, ohne ihn zu
beeinflussen.

In dieser Haltung bleibe ich eine längere Zeit, vielleicht eine Viertelstunde lang. Es kann jedoch auch
länger sein.

Am Schluß öffne ich Seele-Geist weit für die Empfin-
dung, die jetzt von meinen Augen in das Ganze hinein-
strömt, das ich bin. Kann ich etwas von dem absoluten
Sein erfahren – von dem Geheimnis des Augen-
Blicks? Oder welche Erkenntnisse durchleuchten
mich?

Wenn ich nach gutem Nachspüren ganz, ganz langsam
die Hände vom Kopf löse und sie weit in den Raum
hineingehen lasse, wobei sie immer noch in die Augen
hineinstrahlen, dann lasse ich die Augen noch etwas
geschlossen. Obwohl die Lider zu sind, werde ich sicher eine große Helligkeit empfinden. Alles wird
LICHT sein. Erst dann öffne ich langsam die Augen.

Wie schaue ich . . .?

Die geistige Triade

Sitzen mit auf dem Tisch aufgestellten Ellbogen, Hand-innenflächen bedecken die Augen (lose, ohne Druck).
Ich spüre meine Augen hinter den geschlossenen Li-dern, hinter den schützenden Händen, und gehe ganz in das Gefühl hinein, daß meine Augen sich ausruhen dürfen. So verbleibe ich geraume Zeit.

In meiner Vorstellung lasse ich nun in meinem rech-ten Auge langsam einen leuchtenden Punkt entstehen, in dem ich etwas verweile . . .
Von diesem Leuchtpunkt aus ziehe ich nun in Gedan-ken eine leuchtende Verbindungslinie zum linken Au-ge und lasse auch dort einen Punkt entstehen, der von sich aus leuchtet. Ich spüre, wie meine Augen sich in diesem Licht wandeln . . .
Nach einigem Üben ziehe ich in Gedanken von diesen beiden Punkten aus zwei leuchtende Verbindungsli-nien zum Stirnzentrum hinauf (2–3 cm über der Na-senwurzel) und lasse auch dort einen Leuchtpunkt entstehen . . .

Ich nehme wahr, daß sich nun ein Dreieck gebildet hat – hier wollen wir es die »geistige Triade« nennen – mit drei Leuchtpunkten an den drei Ecken.

Ich spüre auch, daß ich hiermit meine Augen (leiblich äußeres Sehen) und mein Stirnzentrum (geistig-inneres Sehen) miteinander verbunden habe. Was sagt mir das?

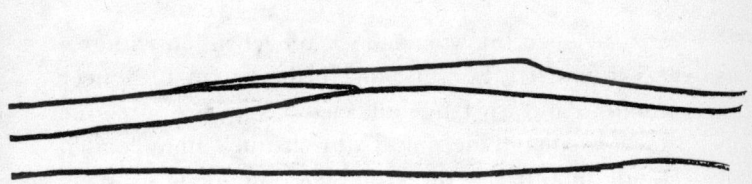

Wenn ich dies noch etwas vertiefen will, so versetze ich mich nun hinein in den Mittelpunkt der geistigen Triade, so daß mein Bewußtsein von diesem leuchtenden Dreieck umhüllt ist. Das äußere Sehen und die innere Schau sind

eins

in mir. Kann ich so die Ganzheit meiner selbst sehen und die Ganzheit aller Dinge?

Langsam nehme ich die Hände von den Augen und verweile in dem Strömen, das in mir ist, solange ich mag . . .

Göttliche Essenz

Sitzen mit auf dem Tisch aufgestellten Ellbogen, Handinnenflächen bedecken die Augen (lose, ohne Druck).
Ich spüre meine Augen hinter den geschlossenen Li-
dern, hinter den schützenden Händen, und gehe ganz
in das Gefühl hinein, daß meine Augen sich ausruhen
dürfen. So bleibe ich geraume Zeit.

Jetzt stelle ich mir vor, daß ich umgeben bin von großer kosmischer Energie, die mich wie ein Lichtmeer
umhüllt. Und ich fange an, meine Augen – durch die
geschlossenen Lider und durch die umhüllenden
Hände hindurch – die kosmische Energie aus diesem
Lichtmeer einatmen zu lassen ... Die kosmische Energie fließt in die Augen und breitet sich im Ausatmen
aus wie eine stark fluoreszierende Flüssigkeit. Sie fließt
in die Muskulatur, die die Augen umschließt – sie fließt
in die Sehnerven und in die Sehbahnen, die von den
Augen zum Gehirn gehen (vom rechten Auge in das
linke Sehzentrum, vom linken Auge in das rechte Sehzentrum). Dort leuchtet die fluoreszierende Flüssigkeit noch einmal auf wie ein heller Schein.

So übe ich immer wieder neu:

> einatmend hole ich die kosmische Energie in
> meine Augen ... –
> ausatmend fließt sie den beschriebenen Weg wei-
> ter bis zum Aufleuchten in den beiden Sehzen-
> tren im Gehirn.

Wenn ich dies einige Zeit geübt habe, gebe ich das bewußte Atmen auf und verweile in dieser gleißenden Helligkeit, die in meinen Augen, Muskeln, Nerven und Sehzentren ist. Ich stelle mir vor, daß dieses helle Licht meine Augen stärkt und heilt und ihnen all das bringt, was sie brauchen ...

Nach einer Weile nehme ich von meinen Augen her Verbindung auf zu meinem

mystischen Herzen

(Herzchakra, Zentrum in der Mitte der Brust). Wie zwei helle, strahlende, klare Lichtbündel fließt die Essenz aus den Augen dorthin. Dieser Verbindung Augen – Herzmitte und Herzmitte – Augen werde ich mir mehr und mehr bewußt. Und ich verinnerliche, daß das warme, weiche Schauen der Augen nach außen, in die Welt hinein, viel mit dieser Verbindung zum Herzen zu tun hat.

Die göttliche Essenz fließt nun frei und ungestört zwischen meinen Augen und der Herzmitte hin und her.

Ein neues Schauen von innen her geht mir auf.
Langsam nehme ich die Hände von den Augen, langsam öffne ich die Augen – und schaue ...

Lichtvolle Augenblicke

Sitzen mit auf dem Tisch aufgestellten Ellbogen, Handinnenflächen bedecken die Augen (lose, ohne Druck).
Ich spüre meine Augen hinter den geschlossenen Li-
dern, hinter den schützenden Händen, und gehe ganz
in das Gefühl hinein, daß meine Augen sich ausruhen
dürfen. So verbleibe ich geraume Zeit.

In meiner Vorstellung umrande ich mehrmals die
rechte Iris (Regenbogenhaut). Ich tue das ganz medi-
tativ. Es gibt nichts außer meiner Iris und dem Kreis,
den ich um sie ziehe.

>   Ich schaue innerlich zu, wie mein Auge sich
>   durch diese meditativen Kreise wandelt . . .

Dann lasse ich aus diesem Iris-Kreis leuchtende
Strahlen entstehen, die ich zuerst nach oben und unten sende. Dann auch nach rechts und links, nach vorne und hinten . . .
Und schließlich fülle ich all die Zwischenräume zwischen den einzelnen Strahlen aus mit lauter Licht, so
daß mein rechtes Auge zu strahlen beginnt wie eine
kleine Sonne . . .

In diesem Leuchten verbleibe ich eine Weile – und vergleiche dieses rechte Auge zuletzt mit dem linken. Möglichst genau versuche ich, die Unterschiede zwischen den Augen herauszufinden ...

Wenn ich dies getan habe, wird mein linkes Auge sicher große Sehnsucht nach Licht und Sonnenwärme haben – und so übe ich auch mit ihm auf die gleiche Weise.

Am Schluß strahlen meine Augen wie zwei Sonnen, und ich verliere dies auch nicht, wenn ich langsam die Hände von ihnen wegnehme und noch mit geschlossenen Augen diesem Leuchten nachspüre ...

Kann ich das leuchtende Strahlen auch in meinen übrigen Körper hineinlassen – in meine Seele ... in meinen Geist?

Kann ich mich wie ein einziges großes LICHT empfinden?

Meine Augen schauen das Licht

Liegen.
Nach guter Entspannung in Rückenlage stelle ich mir vor, daß an der Decke (oder am Himmel) oben ein großes starkes Licht ist. Es ist gleißend hell. Und ich weiß, daß dieses Licht eine sehr große Heilwirkung hat.
Von innen her lasse ich dann meine Augen – durch die geschlossenen Lider – in dieses große Licht hineinschauen. Dabei wiederhole ich, wenn ich möchte, immer wieder den Satz:

MEINE AUGEN SCHAUEN DAS LICHT.

Ich werde spüren, wie lange diese Augenmeditation dauern soll. Sicher einige Minuten – vielleicht eine Viertelstunde? Wenn ich merke, daß ich für dieses Mal mit der Übung zu Ende kommen soll, gebe ich das innere Schauen und die Wiederholung des Satzes auf und spüre einfach dem nach, was jetzt in mir ist . . .

Diese Übung eignet sich auch gut für ein Lichtbad in der Sonne.
Am besten im Sitzen, die Hände vor den Augen und so ein paar Minuten bleiben. Dann langsam die Hände wegnehmen und von innen her durch die geschlossenen Lider in die Sonne schauen. Dabei den Satz »Meine Augen schauen das Licht« wiederholen. Aber auch ohne diesen Satz ist diese Übung ebenso schön wie wirksam.

Eine vertiefende Variante dieser Übung steht auf der
folgenden Seite »Meine Augen öffnen sich dem
Licht«.

Meine Augen öffnen sich dem Licht

Liegen.

Wenn ich möchte, kann ich zuerst die Übung »Meine Augen schauen das Licht« von Seite 24 machen. Jedoch hat die nachfolgende Übung auch für sich allein ihren Wert.

Ich gebe nun das innere Schauen in das Licht, das ich bisher durch die geschlossenen Lider hindurch geübt habe, auf. Und ich stelle mir vor, daß dieses heilende, starke, große Licht sich in zwei Strahlenbündeln meinen Augen nähert. Ein großes Verlangen nach diesem heilenden Licht erfüllt mich, und ich denke mir meine Augen weit und geöffnet und bereit, das Licht hereinzulassen (die Lider bleiben jedoch geschlossen, das Sich-Öffnen ist geistiger Art).

> Die hellen Strahlenbündel erreichen schließlich meine Augenlider und dringen sanft in die Augen ein. Ich spüre Wärme ... Helligkeit ... ein ozeanisches Gefühl von hellem warmen Strömen.

Ganz tief lasse ich dies alles in mich herein, nicht nur in meine Augen, sondern in meinen tiefsten Seelengrund ...

Meine Augen öffnen sich geistig dem großen Licht ...

Seele-Geist öffnet sich dem großen Licht ... Ich tauche hinab in ein Meer von LICHT, in dem ich verweile, solange ich das möchte ...

Ruhen im Seelenfrieden

Sitzen oder Stehen.
Ich denke mir durch meinen Körper hindurch vom Scheitel aus (oberster Punkt) bis hinunter zum Steißbein (beim Stehen zwischen den Beinen hindurch bis zum Boden) eine

vertikale Achse.

Ganz gesammelt versuche ich, diese Achse zu spüren als Verbindungslinie zwischen Himmel und Erde. In diesem Spüren verweile ich einige Augenblicke lang.

Vielleicht kann ich dann erleben, daß mein Bewußtsein an irgendeiner Stelle in dieser Achse – jedoch unterhalb des Halses – verharren möchte. Das lasse ich zu. Wenn ich dies nicht so spüren kann, dann wäre zum Verweilen ein guter Platz die Höhe des Solarplexus.

Dort, an dieser Stelle, lasse ich in Gedanken von der Achse aus als Mittelpunkt

eine liegende Acht

entstehen. Die Schlaufen der Acht nach rechts und nach links gehen jeweils bis zur Körperwand. Vielleicht kommt es beim Zeichnen der Acht von ganz allein, daß mein Atem sozusagen der »Zeichenstift« wird:

einatmen von der Achse hinweg nach rechts,
ausatmen zu ihr zurück –
einatmen von der Achse hinweg nach links,
ausatmen zu ihr zurück –

Wenn dies ganz von alleine geschieht, sozusagen mühe-
los-leicht, so ist es recht. Ansonsten lasse ich den Atem
laufen, wie er möchte und zeichne die liegende Acht
nur mit meinem Bewußtsein.

Nach einigen Minuten des Übens gebe ich das Zeichnen der liegenden Acht auf und schaue sie mir innerlich an. Wie sieht sie aus? Wie erlebe ich die Achse an
der Stelle, wo sie der Mittelpunkt der Acht ist?
Ist in dem ganzen Raum, in dem die Acht schwang, eine große Helligkeit – Ruhe – Seelenfrieden?
Jetzt spüre ich in meine Augen hinein. Wenn ich das
eine kleine Weile getan habe, lasse ich meine Augen
ganz los. Ich versuche, sie sinken zu lassen. Durch
meinen ganzen Körper hindurch bis an die Stelle, wo
die Acht ist. Dort sinkt jedes Auge in eine Schlaufe der
Acht hinein, das rechte in die rechte, das linke in die
linke. Ich spüre, wie meine Augen in diesen beiden
Schlaufen zur Ruhe kommen.

Dort lasse ich meine Augen sich eine Zeitlang gleichsam baden in

Helligkeit – Ruhe – Seelenfrieden.

Können sie dies annehmen? Kann dieser Seelenfrieden sich ganz in mir ausbreiten – in meinem Körper, in
meiner Seele, in meinem Geist . . .?

Es ist möglich, daß durch intensives gedankliches Üben mit der liegenden Acht der ganze Körper eine *tatsächliche* Acht zu schwingen beginnt. Ich nehme dies dann nur wahr und lasse es zu. »Es« schwingt. Die Übung bleibt ansonsten dieselbe. Nur beim Sinkenlassen der Augen in die Schlaufen der Acht ist der Körper still.

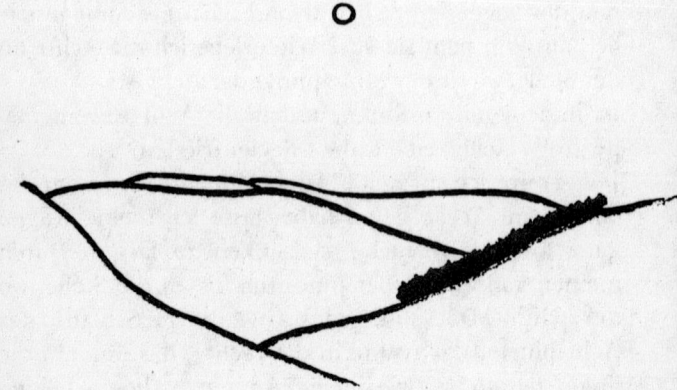

Stille-Sein

Himmel und Erde in mir

Stehen oder Sitzen.
Ich fühle mich in meinen Bauch-Beckenraum ein
und lasse von unten, vom Boden her, alle Kräfte der
Mutter Erde in mich einziehen:
all das Mütterliche, das Lebenserhaltende, die Wärme,
die Geborgenheit, die Ruhe.
In all dies spüre ich mich ganz hinein, besonders in die
immerwährende Ruhe, in deren innerster Mitte ich all
das andere finde . . .
Jetzt spüre ich mich in meinen Kopf ein – und erlebe,
daß er nach oben, zum Himmel hin anfragt, ja dorthin
geordnet ist. Ich versuche, mich ganz zu öffnen und
lasse von oben alle Kräfte von Vater Himmel in mich
einströmen: all das Väterliche, das Lebensspendende,
die Weite, das Unendliche, das Licht.
Ich spüre mich in all dies hinein, besonders in die offe-
ne Weite, in der das Licht ist . . .

> Nun vereine ich die Kräfte von Mutter Erde
> und die Kräfte von Vater Himmel in meinem
> mystischen Herzen (Herzchakra, in der Mitte
> der Brust). Dort fließen sie zusammen wie
> zwei Urströme von
> LEBEN und SINN,
> verschmelzen in mir zu einer unendlichen, nie
> versiegenden Quelle der Kraft.
> Im Innersten meines Seins spüre ich dem
> nach . . .
> Was fange ich mit diesem Lebensmeer an . . .?

Lichtvoller Frieden

Unendliche Weite um mich.
Unendliche Stille.
Tief tauche ich hinein in Weite und Stille.
Ich lasse mich umhüllen,
durchfluten.
Ich bin weit und still.

Alles endet hier.

Aus diesem Ende
kommt mir ein neuer Anfang.
Klein und zart regt es sich in mir,
wird größer und lichter.
Oh köstlicher Frieden
meiner Seele.
Du großes Licht, das du in mir strahlst
und alles erleuchtest.

Laß mich immer
Licht und Frieden sein.

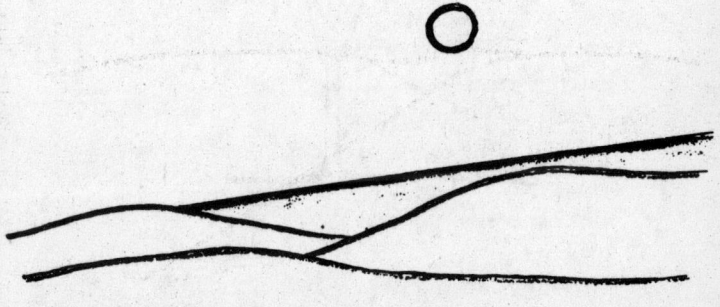

Lebensblume

Nach gutem Loslassen auf dem Boden lege ich sehr
sanft meine beiden Hände so auf den Solarplexus, daß
sich die Fingerspitzen gerade berühren. Ich spüre die
Wärme, die von meinen Händen in dieses Gebiet hin-
einströmt, und verweile so einige Zeit.

Ich spüre nun den Atem, der durch meine Hinwen-
dung auf das Gebiet des Solarplexus dort entstanden
ist. Auch in diesem Fühlen bleibe ich einige Zeit. Kann
ich den Gedanken zulassen, daß sich unter meinen
Händen mehr und mehr eine Energie bildet, die sich
wandeln, die sich entfalten will . . .?

Nun lasse ich langsam zu, daß mein Atem die Finger so behutsam hebt, als ob eine Blume aus dem Erdreich aufbrechen wollte. Mit jedem Atemzug kommt sie ein wenig mehr durch. Mit jedem Atemzug entfaltet sie sich mehr unter meinen Händen und wird langsam zu der Blume, die die meinige ist. Ich schaue innerlich zu, wie sie wächst und welche Blütenblätter sie bekommt. Mein Atem läßt sie wachsen und sich entfalten ...

Dann beende ich das bewußte Atmen und lasse den Atem wieder gehen, wie er möchte. – Ich vertiefe mich in den Anblick meiner Blume. Wie sieht sie aus? Wie groß ist sie? Welche Farbe hat sie? Wie ist ihr Blüten- kelch – offen oder geschlossen? Ist meine Blume gut geerdet (im Solarplexus) und so geöffnet, daß sie die Sonne aufnehmen kann, die sie zum Wachsen braucht?

> Kann ich ganz tief drinnen erfahren, daß
> ich so etwas Kostbares wie eine Lebens-
> blume »gezeichnet« habe – eine mystische
> Blume – eine Zauberblume?
> Kann ich Seele und Geist weit öffnen für
> diese neue Erfahrung, daß eine mystische
> Blume aus mir wächst?
> Was bedeutet diese meine Lebensblume
> für mich? Werde ich sie behalten –
> oder werde ich sie in Gedanken jemandem
> schenken? – Wem? –
> Wie immer ich mich entscheide – ich
> sehe meine Lebensblume in einem großen
> Licht
>   IM LICHT DES EWIGEN SEINS ...

Mein bester Freund

Ich spüre in mir nach, in welcher Haltung – Liegen, Sitzen oder Stehen – ich am liebsten mit meinem Atem inniger in Beziehung kommen möchte. Wenn ich das weiß, nehme ich diese Haltung ein und versuche, all meine Gedanken und all mein Fühlen zunächst einmal zu lassen. Ich versuche, einzutauchen in Stille und Leere...

Wenn es in mir ganz still geworden ist, sammle ich all mein Bewußtsein auf meinen Atem. Ich gehe ganz behutsam vor, so als ob ich mich etwas ganz Kostbarem und Zerbrechlichem nähern möchte...

Ich spüre mich an meinen Atem hin – und versuche, ihn im Spüren gleichzeitig so sein zu *lassen*, wie er möchte. Sicher merke ich, daß das gar nicht so leicht ist, denn vielleicht bin ich gewohnt, den Atem sofort zu beeinflussen, sobald ich ihn ins Bewußte nehme.

So übe ich einige Zeit: Den Atem erleben – ihn spüren – seine Bewegungen mit dem inneren Auge schauen und sie nachvollziehen – ihm das Seine lassen...

Vielleicht spüre ich auch, wie immer mehr Ruhe mit diesem stillen Beobachten Hand in Hand geht, ja wie alles andere von mir abfällt – all die Dinge, all das sonst so Wichtige.

Wenn ich so übe, kommt mir vielleicht zum Bewußtsein, daß der Atem mit mir ganz und gar verwoben ist. Daß er Ich ist – und ich der Atem bin. Daß es nichts gibt, das so inniglich und treulich mich von meinem ersten Atemzug an mein ganzes zeitliches Leben begleitet – bis ich den letzten tue, wenn ich von dieser Welt gehen werde. Kann ich erkennen, daß der Atem mein bester Freund ist – der getreueste innigste Begleiter . . .?

All dies kann ich vielleicht erspüren in der absoluten Hingabe an ihn. Und vielleicht noch dieses, daß der Atem die Verbindung ist zum Großen Atem, der über allem ist. Indem ich atme, bin ich mit der geistigen Welt verbunden, auch in dieser zeitlichen Welt.
Indem ich atme, bin ich auch Ewigkeit – gerade jetzt.

Macht dies mein Herz froh, leicht und unbeschwert?
Kann ich dankbar sein für diese Wohltaten, die mir mein Atem Sekunde für Sekunde erweist – ein Leben lang?
Kann ich in meinem kleinen Atem den Großen Atem spüren, den ewigen Atem . . .?

Der silberne See

Im Liegen schließe ich meine Augen und lasse alle Bilder los – und alle Gedanken. So werde ich still und leer. In dieser Stille und Leere verweile ich einige Zeit ...

Nun lasse ich in meiner Vorstellung einen See entstehen, der weit ist, still und silbern. Vielleicht möchte ich an seinem Ufer eine Weile sitzen und ihn betrachten?
Wie sieht dieser See aus?
Vielleicht sehe ich auch den Mond, der auf diesen silbernen See scheint und ihn noch mehr in Silber taucht?
Wie auch immer – ich gehe ganz hinein in die Schwingung, in die Ausstrahlung, die von dem Silbersee ausgeht. Etwas kommt auf mich zu – eine tiefe unergründliche Ruhe, ein großer Friede – das mein Wesen anspürt und in mich einzieht ...

Da kommt vielleicht der Wunsch auf, in diesen silbernen See einzutauchen, damit ich mich ganz mit dieser Ruhe und mit diesem Frieden vereinigen kann. So gehe ich in den See hinein, oder ich lege mich auf ihn, und lasse mich sinken ... immer tiefer in geheimnisvolle Gründe ... in ein großes Meer von Ruhe und Frieden ...

Als ob der See nur darauf gewartet hätte, umschließt er weich, wie in großer Zärtlichkeit, meinen Körper ... und fängt an, mich ganz zu umhüllen. Er läßt mich tief in sich hinein, so daß ich immer mehr auf seinen Grund hinsinke. Ich tauche hinab in ein kosmisches Meer von Ruhe und Frieden, das sich silbern um mich legt, mich erfüllt und mich ganz und gar mit ihm verschmelzen läßt.

In diesem kosmischen Meer ruhe ich in der Ruhe ... und in Frieden ...

Wenn die Zeit kommt, da ich den silbernen See wieder verlassen muß, bringt er mich sanft wie eine Mutter an die Oberfläche, und ich tauche auf ... Ich spüre, wie das silberne Wasser an meiner Haut hinabläuft. Und dabei habe ich das Gefühl, daß ich alles, was nicht ruhig und friedvoll ist an mir, zurücklasse, damit es im silbernen See umgewandelt wird. Ich aber tauche aus ihm auf mit friedvollem und ruhigem Herzen ...

Wenn ich mich wieder am Boden daliegen spüre – jetzt – so frage ich mich, was der silberne See mir für mein alltägliches Da-Sein mitgegeben hat. Kann ich Ruhe und Frieden in meinem Alltag verwirklichen ...?

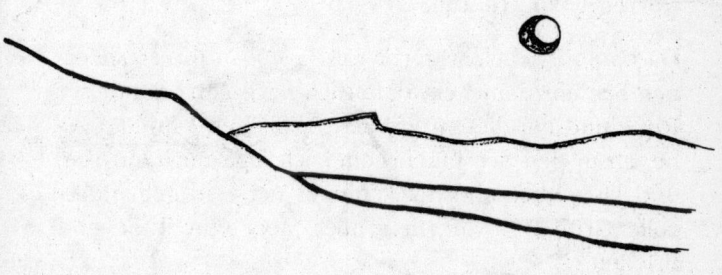

Einfachheit

Heute lege ich einen Grashalm vor mich hin – oder einen Kieselstein – eine Blume – ein Blatt oder irgend etwas, dessen einfache Schönheit mir etwas sagt.
Ich versinke in Betrachtung ...
Meine Augen liebkosen – mein Herz schaut ...
Wie wunderbar ist es, einfach nur da zu sein. Sonst nichts. Der Grashalm, die Blume, der Stein oder das Blatt – alle haben sie die Unendlichkeit der Schöpfung in sich – alle Einfachheit, alle Herrlichkeit. Könnte ich nur so da sein, so einfach, so klar!
Ich schaue tiefer in meinen Partner hinein, verschmelze mit ihm.
All die Lichtmuster des Lebens tun sich mir auf – in ihm, in uns ... Denn wir sind eins. Ich *bin* der Stein, die Blume, der Halm, das Blatt – und sie sind ich. Wir haben uns aufgesogen und spüren uns im Glanz der Schöpfung ...
Jetzt, da ich Stein-Blume-Halm-Blatt bin – kann ich da hineinschauen in mein Leben, so wie es sich abspielt? Ist es einfach und klar – oder kompliziert, verworren, chaotisch, unklar?

Was kann ich lernen von meinem So-Sein als Stein-Blume-Halm-Blatt?
Was kann ich lernen von einem Fisch, der im Wasser schwimmt – von einem Vogel, der sich in die Luft wirft – von einer Pflanze, die einfach nur da ist – und es genügt?
Ich spüre hinein in mein Leben ... Wo habe ich da zu lassen, um einfacher zu werden? Wo habe ich mich von den Dingen zu lösen, um mein Herz klarer sein zu lassen? Wo muß ich arm werden, um den Reichtum einer Blume in mir zu erfahren ...?

Einfach nur da sein – einfach sein ...

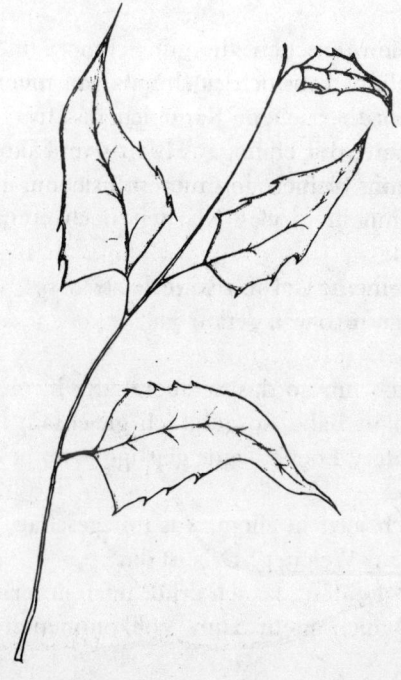

Das Leiden transzendieren

In einer stillen Stunde versuche ich, mir noch einmal des Leidens bewußt zu werden, das ich während meines Lebens bisher erlitten habe.

Ich stelle mir – ganz ruhig und wie von ferne – nochmals die Situationen vor, in denen ich Schmerz erleiden mußte, welcher Art auch immer dieser Schmerz war. Ich schaue mir dies an ...

Was war die Ursache meines Leidens?

Tut das jetzt noch weh? Sind die Wunden noch nicht verheilt? *Was empfinde ich jetzt?*

Auch die Menschen, die mir Schmerz und Leid zugefügt haben, lasse ich nochmals vor meinem inneren Auge vorüberziehen. Kann ich das tun, ohne sofort wieder in Groll oder gar Haß zu versinken? Kann ich ganz ruhig bleiben, in innerem Frieden, und diese Erfahrungen in großer Klarheit noch einmal nachvollziehen?

Was hat meine Gefühle so verletzt?

Was hat mir so weh getan?

Wenn ich mir so das Schmerzhafte in meinem Leben angeschaut habe, so gehe ich gleichsam innerlich auf eine andere Ebene – eine geistige – um besser sehen zu können.

Kann ich jetzt in allem, was mir geschah, einen SINN erkennen? Welcher SINN ist das?

Hat das Leiden, das ich erlitt, mich innerlich weitergebracht, mich mehr zum Vollkommenen geführt, so

daß mir Meister Eckehart's Wort

Das schnellste Roß, das Euch zur
Vollkommenheit führt, ist Leiden

in einer neuen Dimension aufgehen kann. Darüber
denke und fühle ich in innerer Ruhe nach.

Kann ich jetzt, wo der SINN mir klar wurde, die
schmerzhaften Ereignisse noch einmal in Frieden
nachvollziehen?

Kann ich den Menschen, die mich verwundeten, innerlich ohne Groll begegnen – kann ich ihnen also verzeihen?

Kann ich das, was mir Angst und Furcht einflößte,
noch einmal in Ruhe anschauen?

Kann ich zum Schluß all das, was mir an Schmerz in
meinem Leben zuteil wurde, jetzt aus der neuen Warte
meiner Erfahrung in einem großen unendlichen Licht
sehen – im Licht des ewigen Seins? Ist es mir möglich,
es auf diese lichtvolle Ebene zu heben? Und kann ich in
dieser neuen Dimension des Verstehens in diesem
Lichte bleiben . . .?

Bevor ich das Üben beende, frage ich mich, was mir
das, was ich jetzt erfahren konnte, für mein heutiges
Leben, HIER UND JETZT sagt . . .

Begegnung

In einer stillen Stunde setze ich mich so, daß ich nicht gestört werden kann. Diese halbe oder ganze Stunde soll nur mir selbst gehören und dem, dem ich begegnen werde.

> Ich versuche, ganz still zu sein.
> Ich versuche, ganz leer zu sein . . .

Dann stelle ich mein inneres, mein geistiges Auge darauf ein, den zu sehen, der mir begegnen will . . .

Das kann ein Freund sein – der Geliebte – Vater – Mutter – ein spiritueller Lehrer – mein Geisthelfer.
Wenn ich nichts will, wenn ich mich ganz und gar leer gemacht habe, so wird der kommen, der gerade wichtig für mich ist, und der mir etwas zu sagen hat. Dabei spielt es keine Rolle, ob diese Person noch lebt, nach unseren irdischen Begriffen, oder schon »tot« ist.
Nun schaue ich also mit meinem geistigen Auge – ganz von innen her – auf den, der gekommen ist.

Wer ist mein Partner?
Was sagt er mir? Oder was habe ich ihm zu sagen?
Oder ist da einfach eine wortlose Verständigung? So,
daß wir nur unser Innerstes in großer Stille austau-
schen?

In dieser stillen Begegnung bleiben wir – mein Partner
und ich – so lange, bis er gehen wird. Oder solange, bis
meine Sammlungsfähigkeit ihre Grenze erreicht hat,
und ich zu ermüden beginne.
Mein Partner wird dann gehen, so still, wie er gekommen ist. Ich bleibe zurück und spüre der Begegnung
nach ...
Was für Erkenntnisse kann ich daraus ziehen? Was ist
aus der Fülle des Geschehenen das Wichtigste für
mich? Was habe ich vielleicht zu ändern in mir oder in
meinem Leben?

> Wenn dies alles in großer Klarheit vor mir steht,
> habe ich vielleicht den Wunsch, mich etwas aus-
> zuruhen, vielleicht im Liegen. Ich lasse mich wie
> in ein großes ruhiges Gewässer hineinsinken, um
> mich ganz zu lösen – still ...

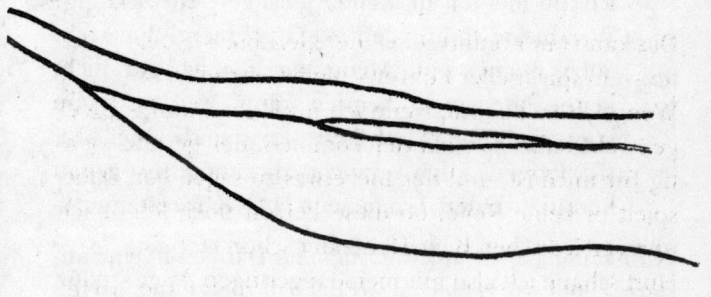

Dank

Ich versetze mich im Liegen oder Sitzen in einen meditativen Zustand, schließe die Augen und sammle mich ganz auf mich selbst ...

Wenn ich in die Ruhe eingekehrt bin, lasse ich vor meinem inneren Auge all die Menschen »entstehen«, die für meine körperliche Existenz und Entwicklung wichtig waren ... Ich denke dabei nicht nur an meine Eltern, Erzieher, Lehrer, sondern auch an alle anderen, die für meine Gesundheit, für das Essen, die Kleidung usw. sorgten. Und jedem, der mir so in meinem Innern begegnet – ob ich ihn persönlich kenne oder nicht – sage ich DANK.

> Wenn ich dies abgeschlossen habe, mache ich die gleiche Übung in bezug auf meine seelisch-geistige Entwicklung. Habe ich da in manchem denselben Menschen zu danken (z. B. Eltern, Erzieher, Lehrer), oder kommen da ganz andere Gestalten vor mein geistiges Auge? Wem verdanke ich am meisten in meiner geistigen Entwicklung? Wer hat mich auf den WEG gebracht? Vielleicht auch Bücher von Menschen, die ich gar nicht kenne oder nicht kennen kann, weil sie schon lange nicht mehr auf dieser Erde sind? Oder Musik? Oder ...? Ich versuche, dies möglichst genau herauszufinden, um meinen DANK abzustatten.

Nun versuche ich, mich in meinem Danken in eine andere Ebene zu versetzen, in der ich die geistigen Helfer, Engel – oder wie ich das sonst nennen will – weiß.

Ich trachte, mich mit ihnen einzustimmen, so gut ich das eben jetzt vermag, um ihnen für all die Führung und Leitung, für Schutz und Hilfe zu DANKEN . . .

Wenn ich so eingestimmt bin, werde ich vielleicht jetzt in einem großen LICHT sein – und ich werde sehen können, daß alles, was ich an Gutem erfahren habe, von dort kommt. Daß es nur Widerschein ist des Absoluten . . .

Ich lasse mein Herz in Dankbarkeit ruhen . . .

Stille

Ich sitze da und bin still.
Alle meine Sinne ziehe ich von der äußeren Welt ab,
von aller Geschäftigkeit,
von aller Unrast und Hetze.
    Ich beginne zu lauschen
    und öffne Körper, Seele und Geist für die Stille,
    die mich wie ein großer Raum umgibt.
    Ich lausche auf den Klang der Stille.
Dann spüre ich, wie die große Stille
langsam in meine Augen eintritt
und durch sie hindurch bis zu meiner Haut.
Meine Haut atmet Stille.
    Und die Stille dringt durch meine Haut
    tief in mich ein,
    bis in meinen Seelengrund,
    in mein innerstes Zentrum.
    Und ich bin stiller als jemals zuvor.
    Unendliche Stille.
    Ich tauche in dich hinein
    wie in ein großes Licht . . .

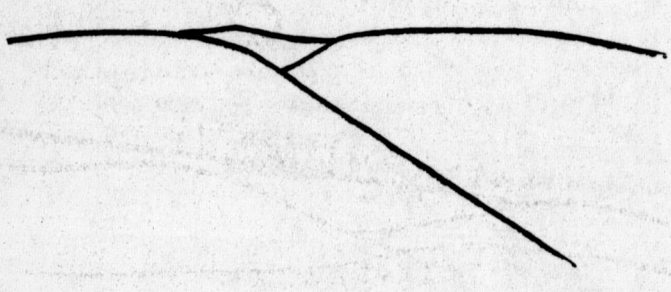

Quelle des Lebens

Sitzen. (Kann jedoch mit einigem Umdenken genauso im Stehen oder Liegen geübt werden.)
Ich ziehe alle meine Sinne von der äußeren Welt ab und besinne mich ganz auf mich selbst. In dieser meditativen Versenkung verbleibe ich einige Zeit ...
Jetzt sammle ich mein Bewußtsein auf meinen Bauch-Beckenraum. Es ist, als ob sich alles an mir zur Mitte hinzöge. Dort – in meiner Mitte – verweile ich etwas. Ich spüre dort den Atem, ohne ihn im mindesten beeinflussen zu wollen ... Und lasse dann langsam durch mein So-Sein dort eine große

RUHE

entstehen. Alles atmet Ruhe. Sie breitet sich aus in meinem ganzen Beckenraum – groß und tief ... Und dann versuche ich, inmitten dieser Ruhe eine große Kraft zu spüren, die Kraft, die in der immerwährenden Ruhe ist. Ich verweile in kraftvoller Ruhe ...

Mein Bewußtsein geht dann etwas höher, zum Solarplexuszentrum. Wieder bin ich einfach nur dort – beobachte dann den Atem – und lasse nach einiger Zeit in diesem Zentrum einen großen

FRIEDEN

entstehen. Ich denke, fühle, atme Frieden – nur

dies. Und lasse mein ganzes Zentrum sich davon
erfüllen. Ich bin im Frieden . . .

Wieder gleitet mein Bewußtsein höher, zum mystischen Herzen, in der Mitte der Brust. Ich bin dort,
spüre den Atem – und lasse dann nach einigem Verweilen dort eine große

LIEBE

entstehen: eine Liebe, die alles lieben kann. Ich denke,
fühle nur noch Liebe und lasse sie so weit strahlen, wie
es nur möglich ist. Ich bin in der Liebe . . .
Wieder gleitet mein Bewußtsein höher, in die Halsre-
gion. Dort sein, den Atem spüren. Und dann hier eine
große

WEITE

und Durchlässigkeit entstehen lassen. Mit jedem
Atemzug dort weit sein, nichts als dies. Ich bin durch-
lässige Weite . . .

Jetzt gleitet mein Bewußtsein auf das Stirnzentrum. Wieder spüre ich den Atem, bin einfach
dort. Und lasse dann langsam eine große

ERKENNTNIS

und Wachheit entstehen. Nur dies denken-füh-
len-atmen-sein. Ich bin in der Erkenntnis . . .

Zuletzt gleitet mein Bewußtsein nach oben, zum Zentrum am Scheitel. Ich bin dort. Und fühle mich langsam ein in

VOLLKOMMENHEIT

in Eins-Sein. Alles beginnt und endet hier. Ich kann vielleicht erkennen, daß ich aus dem Vollkommenen herausgekommen bin und wieder da hinein strömen muß. Ich verweile in Vollkommenheit...

Zum Abschluß der Übung werde ich mich wohl ausruhen wollen. Wenn ich im Sitzen oder Stehen geübt habe, so lege ich mich jetzt hin, decke mich warm zu und tauche tief hinein in das Strömen, das nun in mir ist...
Ich bin der Quelle allen Lebens begegnet. Jetzt will ich nichts, wünsche nichts, halte nichts fest – bin einfach nur da...

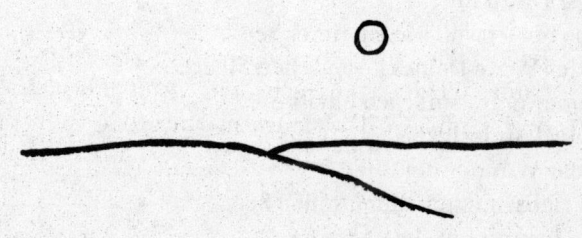

Leere –
– Stille

»SEI LEER«
sagst Du zu mir.
Also bin ich leer wie ein leerer Raum
in Deinem unermeßlichen Raume.
Jeder Gedanke fällt von mir ab,
jedes Gefühl,
damit die Leere Platz hat in mir.
Du ziehst ein in meinen leeren Raum
und bringst mir Deine ganze Fülle.
Durch die Leere sind wir EINS.
Du und ich.
Leer.

»SEI STILL«
sagst Du zu mir.
Also bin ich still wie ein tiefer See
in der Weite Deines kosmischen Meeres.
Immer tiefer sinke ich hinab
in die Lautlosigkeit,
in das Wunder der Stille.
Du ziehst ein in meinen stillen See
und bringst mir die ganze Kraft
Deiner Schöpfung.
Durch die Stille sind wir EINS.
Du und ich.
Still.

Wandlung

Ich möchte wachsen . . .
Mich entfalten wie eine Blume,
mir Raum geben.
Weite Räume in mir entstehen lassen,
in denen mein Wachstum stattfinden kann.

So taste in mich hinein . . .
Und frage mich tief drinnen:
Bin ich zur Veränderung bereit?
Zum Wachsen – zum Wandel?
Oder gibt es Widerstände in mir,
die meiner Entfaltung im Wege stehen?

Ich horche – lausche – warte . . .
Alle Anspannung fällt von mir ab.
All das Enge lasse ich los,
all das Festhalten, all die Ängste.
Alles, was mich hindert, lasse ich los,
mehr und mehr,
bis die Räume in mir
weit und hell und luftig sind
wie frisch gelüftete Zimmer.

Ich lasse Licht einströmen in mich,
in weite Räume, hell und strahlend
und alles ausleuchtend,
jeden Winkel meines Körpers,
meiner Seele und meines Geistes.
Das Licht macht mich froh,

hell und weit
und ganz und gar glücklich.
Ich spüre, wie es mich wandelt,
wie ich in ihm wachse,
bis ich selbst LICHT bin . . .

Tief in dem Licht scheint etwas auf . . .
Eine warme Flamme,
die ich wie eine große Liebe spüre.
Ich liebe alles Leben.
Ich liebe mich als Teil allen Lebens.
Alles Leben und ich sind
EINS IN DER LIEBE . . .

Eins-Sein

Das große Licht

Ich wähle die Haltung, die mir gerade angenehm ist (Liegen, Sitzen oder Stehen) und bringe mich in einen gelösten, meditativen Zustand.

Dann sammle ich mich ganz auf den Atem. Ich spüre, wie er kommt und geht. Und ich versuche, ohne ihn im mindesten beeinflussen zu wollen, ihn zu beobachten, anzuschauen.

Dieses meditative Schauen auf den Atem übe ich immer zwischen den einzelnen Übungsteilen.

Nun spüre ich den Atem beim Hereinholen ganz bewußt und führe ihn im Ausatmen in den Bauch-Beckenraum, wo er ein strahlenkranzförmig aufleuchtendes Licht entfacht, das die Farbe orange-rot hat.

So übe ich einige Atemzüge lang:
Einatmend hole ich die Energie herein . . .
Ausatmend führe ich sie in den Beckenraum und lasse
dort das orange-rote Licht aufleuchten . . .

Nach einigen Atemzügen übe ich dann das meditative Schauen auf den Atem, ohne ihn beeinflussen zu wollen. Ich ruhe also in meinem Beckenraum und schaue dem Atem zu . . .

Jetzt wandere ich in meinem Bewußtsein etwas höher,
in das Gebiet des Solarplexus. Wieder atme ich bewußt
ein und leite den Atem zum Solarplexus, wo er ein
strahlenkranzförmig aufleuchtendes gelbes Licht entfacht.

Dies einige Atemzüge lang, dann wieder das Ausruhen im meditativen Atembeobachten . . .

Nun führe ich die Übung weiter über das Herzzentrum, wo die Farbe Grün aufleuchtet (vielleicht mit
Gelbbeimischung) – –

Ausruhen im Atembeobachten . . .

über das Kehlkopfzentrum, in dem die Farbe Hellblau
entsteht – –

wieder Ausruhen im Atembeobachten . . .

über das Stirnzentrum mit dunklerem, samtigem Blau

wieder Ausruhen im Atembeobachten . . .

und komme schließlich am Scheitelzentrum an, wo ein zartes Lila aufleuchtet.

Alle diese Strahlen aus meinem Körper verbinde ich nun mit ihren verschiedenen Farbtönungen in einiger Entfernung vom Körper zu einer eiförmigen Umrandung, damit ich wie in eine

Lichtvolle Mandorla

eingehüllt bin. Ich schaue, welche Farbe diese eiförmige Hülle hat. Strahlt sie nach allen Richtungen? Wie fühle ich mich darin?
Kann ich meine Seele und mein Geist weit öffnen für die Erfahrung, daß ich dieses LICHT BIN?

Wenn ich mich genug ausgeruht habe und wieder an mein Tagwerk gehe, so versuche ich, diese tief inneren Lichterfahrungen mit der äußeren Welt in Einklang zu bringen. Kann ich etwas von diesem Licht in mein alltägliches Sein mitnehmen?

Goldstaub

Liegen, Sitzen oder Stehen. Ich versuche, alle meine Sinne von der äußeren Welt abzuziehen und ganz still zu sein. So verbleibe ich einige Zeit.

Dann stelle ich mir vor, daß die Luft um mich herum aus lauter winzig-kleinen Goldteilchen besteht, sozusagen aus Goldstaub. Er flimmert um mich herum, strahlt und glänzt. Ich ahne, daß dieser goldene Staub in sich große Kräfte birgt ... lösende, stärkende, heilende Kräfte.

Nun fange ich an, diesen Goldstaub voller Sehnsucht einzuatmen. Ich schaue zu, wie er in meine Nase fließt. Von da lenke ich ihn in meinen Kopf hinein und kleide sozusagen meinen ganzen Kopf damit aus, so als ob ich die Kopfhaut inwendig »vergolden« würde. Jedoch nicht so, daß eine starre Goldmaske entsteht. Denn das Vergolden ist gleichsam porös, biegsam, anschmiegsam, weich.

In diesem Vergolden fahre ich dann fort, indem ich den Goldstaub in meinen Hals hinabschicke und dort die Haut innerlich auskleide ...

in meine Schulterräume, in die Arme, die Hände und die Finger ...

in die Brust und den Rücken ...

in den ganzen Bauchraum ...

und in die Beine, Füße, Zehen ...

In all diesen Räumen vergolde ich gleichsam die Innenwände – also die Haut innen – so, als ob all meine Räume von goldenen Wänden umgeben wären.
Und immer achte ich darauf, daß diese Vergoldung nicht starr und unbeweglich, sondern weich und biegsam ist.
Ich gehe in das Gefühl hinein, daß diese innere Vergoldung in meinem Körper

> all das löst, was zu lösen ist;
> all das kräftigt, was zu kräftigen ist;
> und all das heilt, was in mir zu heilen ist.

In dieses Fühlen von Lösung – Kraft – Heilung gehe ich tief hinein . . .

Schließlich lasse ich von oben her, vom Himmel, in meinen Scheitel ein großes Licht hereinstrahlen. Im selben Moment fangen all die goldenen Stäubchen zu strahlen an, gleißend-hell, weiß-golden. Sie leuchten zuerst in den Raum meines Körpers hinein und erfüllen mich ganz mit strahlend-hellem Licht – absolut rein und klar.

> Wenn ich so ganz LICHT bin, fangen die Goldstäubchen an, durch die Haut hindurch nach außen zu strahlen. Meine ganze Haut strahlt, mein innerstes Wesen strahlt – ich strahle außen und innen . . .
> Alles ist in absolutes LICHT getaucht –
> ein kosmisches Meer von LICHT . . .

Fülle

Im Liegen oder Sitzen ziehe ich mich ganz auf mich zurück und werde still. Alle äußeren Eindrücke versuche ich zu lassen, alles Störende auszuklammern und ganz nach innen zu schauen.

Nach einer Weile des So-Seins lasse ich mein Bewußtsein auf ganz leichte und sanfte Weise in meinen Kopf einziehen und dort mein Gehirn erspüren. Wenn ich dort ganz sein kann, fange ich an, dieses mein Gehirn zu entleeren. Ich stelle mir vor, wie alle Gedanken, alle Vorstellungen und Ideen einfach hinausschweben in den Raum ... (Wenn es mir hilft, kann ich mir denken, daß sie im Ausatmen wie kleine oder größere Wolken meinen Kopf verlassen und sich sozusagen in Luft auflösen.)
Ich entleere mein Gehirn von all dem, was in ihm ist, so daß es ganz in Stille und Leere eintauchen kann ...

> Danach wende ich mich meinen Augen zu. Ich spüre sie eine kleine Weile, ruhend hinter den geschlossenen Lidern. Und dann fange ich an, auch sie zu entleeren. Alle Bilder, die ich je geschaut habe, lasse ich im Ausatmen aus meinen Augen hinausströmen – losgelöst, nicht festgehalten, so schweben sie in den Raum hinaus.
> Meine Augen befreien sich von allem, was sie je gesehen haben, gleichgültig was es war. So tauchen auch sie ein in Stille und Leere ...

Mein Bewußtsein gleitet dann zu den Innerohren in der rechten und linken Kopfhälfte. Wieder spüre ich mich zuerst an und mache mir meine inneren Ohren ganz bewußt. Von den Innerohren tastet mein Bewußtsein durch die Gehörgänge nach außen, zu den äußeren, mir wohlvertrauten Ohren.

Und ich fange dann an, auch meine Ohren zu entleeren. Im Ausatmen lasse ich alle Geräusche, die ich jemals gehört habe, hinaus in den Raum. Meine Ohren befreien sich von allem. Und so tauchen auch sie hinein in Stille und Leere . . .

Mein Bewußtsein zieht dann hinab in mein Herz. (Ich spüre, ob ich mehr das organische Herz in der linken Brustseite erfahrbar machen möchte oder das mystische Herz in der Mitte der Brust.)

Da, wo mein Bewußtsein jetzt gerne verweilt, lasse ich es. Und ich fange dann an, dieses Herz sich befreien, entleeren zu lassen von all dem, was es an Gefühlen freudiger und schmerzlicher Art jemals erfahren hat.

> All dies lasse ich hinaus, im Ausatmen . . .
> Ich schaue zu, wie all diese Gefühle sich in den Raum hinausbegeben und sich verflüchtigen . . .
> Ich spüre diesen Loslösungsprozeß, in den ich mich mehr und mehr ein-lassen kann . . .
> Ich fühle, wie mein Herz leer und leerer wird, bis es auch eintauchen kann in Stille und Leere . . .

Nun bin ich ganz entleert – losgesagt von allen Dingen. Unbeschwert- entäußert von allem, was der tiefen Begegnung mit dem Einen im Wege stehen könnte.

Und so öffne ich mich –
öffne mich dem großen Fluß allen Lebens,
der in meine weiten, leeren und stillen Räume
einfließen kann . . .
Da ist Ruhe und Bewegung –
da ist Stille und Klang
und die Unendlichkeit der Schöpfung . . .
Alles fließt, strömt, pulsiert, atmet, glänzt,
leuchtet . . .
Die Fülle ist unendlich – grenzenlos.
Und sie führt geradewegs
zum Herz aller Dinge . . .

Freude

Ich wähle die Haltung, die mir gerade angenehm ist (Liegen, Sitzen oder Stehen), und bringe mich durch Fallenlassen aller Gedanken und Gefühle in einen meditativen Zustand.
Nun stimme ich mich ganz ein in die Essenz von FREUDE. Ich lasse Freude in mich herein wie einen großen Strom von Kraft und Leben, in dem sich Freude wie in Wirbeln und Spiralen bewegt . . .

Diesen wirbelnden Freudestrom lasse ich in mein Gehirn hinein, so daß alle meine Gehirnzellen nur noch Freude denken können . . .

in meine Augen, so daß sie vor Freude anfangen zu strahlen und zu leuchten . . .

in meinen Mund, der sich in Gedanken an Freude ganz löst und anfängt zu lächeln . . .

in mein Herz, das sich in der Freude warm und lebendig fühlt, anfängt zu pulsen und glückselig ist . . .

in alle meine Zellen, so daß eine jede anfängt, in wirbelnder Freude sich zu bewegen . . .

in jede Pore meiner Haut, so daß meine Haut freudig den ganzen Körper umschließt und ebenso freudig den Kontakt aufnimmt mit der mich umgebenden Welt . . .

in meine Seele und meinen Geist, so daß ich ganz und gar von Freude bewegt werde . . .

Wenn ich mich in dieser Weise eingestimmt habe in die Essenz von Freude, so wird mir vielleicht auf der geistigen Ebene der Engel der Freude begegnen ... Ich kann auf eine ganz neue Art mit ihm verbunden sein. Und er wird mit mir sein ...

Wenn ich mich aus dieser Freudenfülle herauslösen muß, so versuche ich, so viel wie möglich aus dieser Übung mit hineinzunehmen in mein alltägliches Sein:

Kann ich Freude ausstrahlen für alle, die mir begegnen?

Kann ich also diese tief-inneren Erfahrungen mit der äußeren Welt in Einklang bringen? Kann jeder spüren, daß der Engel der Freude mit mir ist?

Wie auch immer – ich lasse mein Herz dankbar sein.

Klang und Licht

Ich wähle die Haltung, die mir gerade angenehm ist (Liegen, Sitzen, Stehen), und bringe mich durch Fallenlassen aller Gedanken und Gefühle in einen meditativen Zustand.

Dann stimme ich mich ein auf meinen eigenen
Grund-Ton.
Ich suche ihn in mir – ich lausche – ich beleuchte ihn von innen . . . Was für ein Ton kommt? Welche Qualität hat er?
Wenn der Ton zunächst vielleicht sehr leise ist, so spüre ich ihm nach . . . bis ich ihn dann etwas in mir anschwellen lassen kann – so laut, wie ich es gerade mag. Ich spüre, wo er am mächtigsten klingt . . .
Kann ich diesen Klang meines Wesens überall hinschicken in mir – in jede Zelle meines Körpers – in meine Seele – in meinen Geist?

Wenn ich ganz und gar Klang geworden bin,
schaue ich in mich hinein, ob dieser Klang auch
mit einer Farbe, mit einem Licht verbunden ist.
Ist da ein
Farb-Ton?
Wie sieht dieser Farb-Ton aus? Ich lausche –
und ich schaue . . . . .

Nun versuche ich, den Ton – zusammen mit dem Licht – also den Farb-Ton überall in mich hineinzulassen, Körper, Seele und Geist öffnen sich weit für die Erfah-

rung von Klang und Licht ... bis ich dann Klang und
Licht bin ...
Ich spüre meine ewige Existenz ganz in diesem Klang
und in diesem Licht ...

Regenbogen

Sitzen mit nach oben geöffneten Händen auf den Oberschenkeln – oder
Stehen mit etwas ausgebreiteten Armen, Hände nach oben geöffnet.

Nachdem ich mich durch Lassen aller Gedanken in einen meditativen Zustand gebracht habe, stelle ich mir vor, daß inmitten meiner Handinnenflächen (Handchakren) je ein roter Punkt entsteht. Diese roten Punkte lasse ich sich durch einen Halbkreis miteinander verbinden, so daß also von Hand zu Hand ein roter Bogen entsteht. – Wie wirkt das auf mich?

Über diesem roten Bogen lasse ich nun einen orange-roten entstehen – wieder von Hand zu Hand – ohne jedoch den roten zu verlieren. Es ist einfach so, daß der zweite Bogen, der orange-rote, sich organisch über den ersten legt . . .
Wieder schaue ich mir dies an:
Diese beiden Lichtbögen von Hand zu Hand und ihre Wirkung auf mich . . .

Darüber legt sich nun ein gelber . . .
ein hellblauer . . .
ein dunkelblauer . . .
und zuletzt ein Bogen aus lila Farbe . . .

Immer mache ich nach einer Farbe eine Pause, um ihr nachzuspüren und zu erleben, wie sie auf mich wirkt.
Ich schaue mir diese sieben Farben, die von meinen Händen ausgehen und sich in leuchtenden Bögen verbinden, an. Es ist ein *Regenbogen* entstanden . . . Wie empfinde ich ihn? Wie wirkt er auf mich?
Nun lasse ich langsam diesen lichtvollen Bogen sich ausbreiten:

von meinen Händen weg nach oben –
über meinen Kopf –
nach hinten –
an meinem Körper hinab –
unter meinem Körper hindurch
und wieder vorne herauf.

Es ist so, als ob dieser Regenbogen sich ganz um mich herum ausbreitet, mich einhüllt und mich ganz und gar von außen mit seinen Farben bestrahlt. Wie fühle ich mich in diesem Haus aus Farben?

Vielleicht gelingt es mir, diesen farbverströmenden Bogen sich noch etwas in den Raum hinaus ausdehnen zu lassen . . .

Vielleicht gelingt es mir auch, diese Farben von einem großen Licht angestrahlt zu sehen und zu erleben, wie sie noch mehr zu leuchten beginnen und ihre Strahlen auf meinen Körper senden . . .

> Wie auch immer – ich verweile etwas in diesem Regenbogen wie in einem Haus aus lauter Licht, in dem ich geborgen und glücklich bin . . .

Reines Herz

Nach gutem Entspannen versuche ich, ganz still und leer zu werden. Alle Gedanken, die mich stören möchten, lasse ich los. Alle Gefühle, die noch in mir sind, lasse ich wie in eine große Meeresstille hinabsinken . . .

Wenn ich die Stille und Leere erreicht habe, die mir jetzt möglich ist, versenke ich mich in mein Herzzentrum – das mystische Herz (in der Mitte der Brust). Dort verweile ich einige Minuten oder eben so lange, wie ich möchte, bevor ich in der Übung weitergehe.
Von diesem Herzzentrum aus nehme ich nun Verbindung auf zur Mutter Erde. Ich bitte sie, all ihre Kräfte in mich einströmen zu lassen . . .
Sodann wende ich mich der Luft zu, die mich umgibt. Auch sie bitte ich, ihre Kräfte in mein Herzzentrum zu lenken . . .
Und schließlich wende ich mich an die Sonne und den Himmel und bitte um die Wärme und die schöpferischen Kräfte, um sie in mein Herzzentrum einzulassen . . .

Wenn nun alle diese Kräfte sich in meinem mystischen Herzen vereinen, entsteht dort ein großes Feuer, ein mystisches Licht – das Herzfeuer. Es ist wie eine große Liebe, die sich wie eine unerschöpfliche Quelle ständig erneuert. Alles ist in dieses Herzfeuer eingeschlossen – jedes Wesen – alle Schöpfung. Das mystische Herz vergißt sich selbst, entäußert sich aller Dinge und Wünsche. Es ist nur noch eines: LIEBE.

Das Herz gibt nun die Kräfte, die es empfangen hat, wieder ab:
    An die Erde –
    mögen alle Wesen in ihr
    und auf ihr glücklich sein . . .
    An die Luft –
    mögen alle Wesen in ihr
    glücklich sein . . .
    An die Sonne und den Himmel –
    mögen alle Wesen, die dort sind,
    glücklich sein . . .

Am Schluß findet mein Herz wieder zurück in Stille und Leere. Leere, in der die ganze Fülle des Seins ist . . .

Alles Licht ist nur Widerschein

Meine Augen schauen Dein Licht
in der Sonne, dem Mond und den Sternen.
In den starken Farben der Blumen und Berge,
im stillen Schimmern der Seen,
im Aufblitzen der hellen Meeresgischt
und im leuchtenden Rot des Abendhimmels.

    Doch alles Licht
    ist nur Widerschein Deines großen Lichtes.

Mein Herz schaut Dein Licht
im geheimnisvollen Schimmern der Kerzen,
im warmen Schein des Feuers,
in dem strahlenden Glanz der Steine,
im glücklichen Lächeln eines Kindes
und in den Augen des Geliebten.

    Doch alles Licht
    ist nur Widerschein Deines großen Lichtes.

So wenden meine Augen sich nach innen.
Sie sinken hinab
in die Tiefe meines wahren Selbst
und finden Dich.
Deine Augen tauchen in meine Augen.
So wendet mein Herz sich nach innen.
Es sagt sich von allen Dingen los,
wird ganz leer

und findet Dich in grenzenloser Hingabe.
Dein Herz verschmilzt mit meinem Herzen.

Denn alles Licht
außerhalb des inneren Lichtes
ist nur Widerschein.
Das innere Licht aber bist Du.

Fest der Versöhnung

Ich wähle eine Haltung, die mir angenehm ist, und bringe mich durch Fallenlassen aller Gedanken in eine meditative Haltung, in der ich einige Zeit verweile.

Nun stelle ich mir vor, daß ich zu einem Fest eingeladen werde. Es wird ein Fest der Versöhnung sein, zu dem alle kommen, mit denen ich in meinem bisherigen Leben Probleme hatte. Auf diesem Fest können wir uns auf einer geistigen Ebene begegnen und uns versöhnen.

Bin ich bereit, zu diesem Fest zu gehen?

Wenn ja, so fange ich an, mich in Gedanken auf dieses Fest vorzubereiten. Sonst ziehe ich mich zu einem Fest vielleicht besonders schön an – hier kleide ich mich in ein Gewand des FRIEDENS. Wie sieht das aus? Kann ich mich ganz und gar in dieses Gewand einhüllen, so daß kein anderes Gefühl mehr in mir und um mich Platz hat als das des Friedens?
Nun mache ich mich auf den Weg und finde zu dem Saal, in dem das Fest stattfindet. Ich trete ein und begegne zuerst

all den Menschen, die mir während meines bisherigen Lebens Schmerz zugefügt haben.

Ich trete ihnen in Frieden entgegen, denn alle negativen Gefühle und jeden Groll habe ich abgelegt. Können wir uns nun freundlich begrüßen, umarmen, fröhlich sein? Können wir vielleicht in einem Gefühl von Liebe zusammen sein?
Nun begegne ich allen Menschen, denen ich in meinem bisherigen Leben Schmerz zugefügt habe. Ich bitte sie, mir keine negativen Gefühle mehr entgegenzubringen, mir zu verzeihen. Können wir uns dann freundlich begrüßen, umarmen, fröhlich sein? Können wir in einem Gefühl von Liebe zusammen sein?

Vielleicht begegnen mir auf diesem Fest auch all die Tiere, denen ich während meines Lebens indirekt Schmerz zugefügt habe, einfach deshalb, weil ich von ihrem Fleisch aß und mich in ihr Fell oder ihre Haut kleidete. Kann ich sie um Verzeihung bitten? Können wir dann in einem Gefühl von Liebe zusammen sein?
Vielleicht begegnen mir dann auch all die Pflanzen, denen ich – allein weil ich auf der Welt war – wissentlich oder unwissentlich Schmerz zugefügt habe. All die Blumen, die ich pflückte – all die Pflanzen, die ich aß. Kann ich sie um Verständnis und Verzeihung bitten? Können wir in einem Gefühl von Liebe zusammen sein?

Es kann sein, daß mir auf diesem Fest der Versöhnung noch viel mehr begegnet... Ich schaue mich um, bin ganz wach für alle Begegnungen... Und versuche, mit allem EINS zu sein – in einer grenzenlosen Liebe, die uns alle wie in einem großen Meer vereint.

Wenn die Zeit gekommen ist, da ich spüre, wieder nach Hause gehen zu sollen, so nehme ich Abschied. An der Türe schaue ich mich noch einmal um ... Wie empfinde ich diese Rückschau? Wie empfinde ich mich?

Wenn ich wieder nach Hause komme, wie nach langem Fernsein, was mache ich dann mit meinem Gewand des Friedens? Ziehe ich es wieder aus? Oder kann ich es vielleicht zu meinem Alltags-Gewand machen? Kann ich diese Um-Wandlung zulassen, also das Festtagskleid zum Alltags-Gewand machen, so daß ich immer in Frieden gekleidet bin?

Von ganz tief innen sehe ich mich als einen Menschen, der allem, was ihm auch begegnet, in FRIEDEN begegnet. Und ich spüre, daß dies zugleich auch mein Seelenfrieden ist ...

Im Licht sein

Ich stelle mich (vielleicht draußen in der Natur oder sonst an einem Ort, an dem ich nicht gestört werde) so, daß meine Füße fest auf dem Boden stehen, die Knie nicht durchgestreckt, die Wirbelsäule locker aufgerichtet.

Nun spüre ich mich mit meinen Füßen ganz hinab in die Mutter Erde. Alle Spannung, die ich vielleicht in mir fühle, fließt an mir ab. Und so kann ich mich mehr und mehr in die mütterliche Erde einlassen – mich verwurzeln – eintauchen . . .

Von da her nehme ich dann meine ganze stehende Gestalt wahr: die Haut rings um meinen Körper in ihrem Kontakt zur Kleidung oder zur Luft . . .

Und ich spüre, daß um meinen Körper ein Energiefeld ist, das seine Kräfte laufend in mich abgibt. Dem fühle ich einige Zeit nach . . .

Nun erspüre ich im Innern meines Rumpfes meine Wirbelsäule, die locker aufgerichtet ist. Ich nehme wahr, daß sie ganz vom Grund, dem Boden, und meinem Becken getragen wird, so daß ich sie also weitgehend entspannt aufrecht halten kann. Um in dieses Gefühl des lockeren Aufgerichtetseins ganz hineinzugehen, brauche ich vielleicht einige Augenblicke lang.

Ich spüre auch, daß die Wirbelsäule nach zwei Seiten hin geordnet ist: zum Boden als dem Tragenden, zum Himmel als dem Gebenden. Sie ist meine vertikale Achse – meine Verbindung vom Himmel zur Erde.

Nun stelle ich mir vor, daß oben am Himmel (oder an der Zimmerdecke) ein starkes kosmisches Licht scheint, eine Art Sonne oder Feuerball. Das Licht scheint stark und hell geradewegs in meinen Kopf hinein, durch ihn hindurch und in meine Wirbelsäule.

Ich spüre Strahlen und Ströme von heilender und spiritueller Energie durch meine Wirbelsäule hindurchfluten: durch die Halswirbel – durch die Brustwirbel – durch die Lendenwirbel – durch das Kreuzbein – bis zum Ende der Wirbelsäule, dem Steißbein. In diesem von oben nach unten strömenden Licht verbleibe ich einige Zeit lang . . .

Nun gebe ich die Vorstellung von Licht über meinem Kopf auf und gehe ganz in meine lichtvolle, warme, durchflutete Wirbelsäule hinein. Sie ist jetzt hell und strahlend und gibt das Licht ihrerseits ab in den übrigen Körper hinein:

– von den Halswirbeln in den Hals und nach oben in den Kopf,
– von den Brustwirbeln in den ganzen Oberkörper und in die Arme, Hände und Finger,
– von den Lendenwirbeln in den ganzen Oberbauchraum,
– vom Kreuzbein-Steißbein in den ganzen Unterleib sowie in die Beine und Füße.

Mein ganzer Körper fängt an zu leuchten und zu strahlen von Energie, von wärmender und heilender Kraft. Vielleicht geht dieses Leuchten auch aus der Haut hinaus, so daß um meinen ganzen Körper eine Art Strahlenkranz entsteht . . .

Nun bin ich ganz im Licht –
eingehüllt von ihm, durchströmt von ihm.
Ich spüre mich EINS mit der Gesamtheit
aller Energien aus dem Kosmos –
ich bin EINS mit dem Universum . . .

Das ewige Haus

Liegen. Nach gutem Entspannen auf dem Boden (in Rückenlage) lasse ich meine Arme am Boden entlang schulterwärts schleifen, bis sie ungefähr in Schulterhöhe mit Handflächen nach oben ausgebreitet sind. Ich spüre, daß ich diese Bewegung mache oder vielmehr zu-lasse, spüre das Ausgebreitetsein, spüre den Atem.

Ähnlich dann mit den Beinen. Ich lege mein Bewußtsein auf die Fersen und lasse sie auseinandergehen, rechte Ferse nach rechts, linke nach links, bis die Beine in einem für mich angenehmen Abstand voneinander liegen. Auch dabei wieder: spüren – fühlen – wahrnehmen.

In dieser ausgebreiteten Haltung verbleibe ich einige Augenblicke und koste es aus, so ganz ausgebreitet dem Boden anheimgegeben zu sein – und ganz und gar geöffnet dem Himmel. Vielleicht kann ich fühlen, daß beide Ströme – der Strom von Mutter Erde (Yin) und der Strom von Vater Himmel (Yang) – mich durchfluten und mich erfüllen.

So bin ich aufbereitet für das nachfolgende Üben. Ich ziehe zunächst von meinem Scheitelpunkt bis zu meiner rechten Hand eine imaginäre Linie, die ich bis zu meinem rechten Fuß verlängere. Dann ziehe ich die gleiche Linie vom Scheitel zur linken Hand und weiter bis zum linken Fuß. Von da weiter bis zum rechten Fuß.

Wenn ich mit meinem inneren Auge das anschaue, was ich »gezeichnet« habe, so kann ich wahrnehmen, daß es ein Haus ist. Ich gehe in den Gedanken hinein, daß ich hier in meinem irdischen Haus bin. Wie fühle ich mich darin? Wo ist der Mittelpunkt? Sind der Mittelpunkt meines Hauses und seine äußere Hülle *eins*?

Wenn ich in diesem Spüren einige Zeit verblieben bin, so lasse ich die äußeren Linien meines zeitlichen Hauses sich hinausziehen in den ewigen Raum. Ich spüre die Essenz von Ewigkeit – von dieser großen klaren Einfachheit – von der Unendlichkeit des Himmels. Und all dies steht immer in Beziehung zum Mittelpunkt meines irdischen Hauses, den ich in all dem Üben nie verliere.

Ich bin nun in meinem *ewigen Haus*. Und ich spüre es ganz und gar im Lichte des ewigen Seins. Dankbarkeit erfüllt mich.

Und Dankbarkeit erfüllt mich auch, wenn ich – nachdem ich dies ausgekostet habe – wie nach langem Fernsein heimkehre in mein zeitliches Haus. Ich habe erlebt, daß es eingebunden ist in das ewige – nun kann ich es wieder neu beziehen.

So fühle ich mich eingebunden
– in der Zeit in meinem zeitlichen Haus
– in der Ewigkeit in meinem ewigen Haus.

Und ich spüre, daß es so gut ist . . .

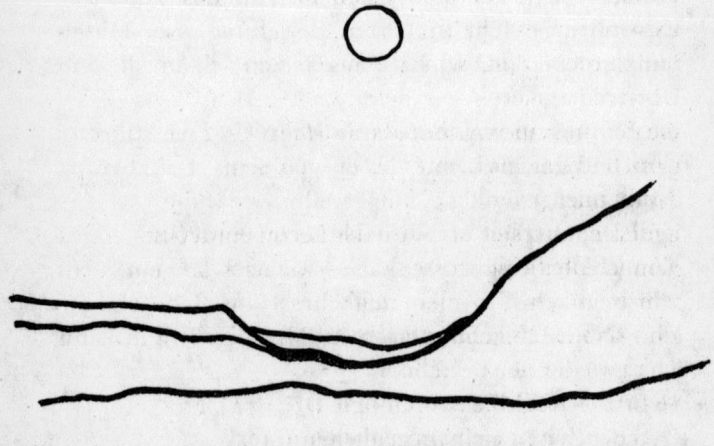

Im Einklang . . .

IM EINKLANG MIT DER ERDE . . .

»KOMM«, sagt die Erde, »LASS DICH LOS.
Überlasse alles mir.
Dein Gewicht, deine Sorgen, deine Nöte.
Alles, was dich beschwert.
Wenn du es losläßt und dich an mich hingibst,
so werde ich es für dich tragen.
Laß nur los – dann wirst du es sehen.
Und ich kann dir dann meine Ruhe geben,
die tief in meinem Schoß darauf wartet,
in dich einzuziehen.
Tiefe, unergründliche, immerwährende Ruhe,
in deren innerster Mitte du das Leben entdeckst.
Komm, laß dich los . . .«

IM EINKLANG MIT DER SONNE . . .

»KOMM«, sagt die Sonne, »TU DICH AUF.
Öffne dich weit und laß mich herein.
Wenn du es willst und zuläßt,
kann ich alles in dir schmelzen,
was dich an dir stört
und deinem Wachsen im Wege ist.
Alles Negative, Lieblose, Harte.
Aus der Glut, die entsteht, wächst in dir das Neue.
Du wirst warm wie ich, strahlst wie ich
und gibst das Warme und Strahlende
an alles weiter, was dir begegnet.

Denn alle Geschöpfe suchen es,
und du kannst es ihnen geben.
Komm, tu dich auf . . .«

IM EINKLANG MIT DEM WASSER . . .

»KOMM«, sagt das Wasser, »FLIESS MIT MIR.
Ich will dich mitnehmen ein Stück den Fluß hinab
und dich lehren, was es heißt,
immer im Fluß zu sein,
in fließender Bewegung.
Du wirst sehen, es ist ganz leicht.
Du mußt nur lernen, das Festhalten aufzugeben.
Dann kannst du auf eine große Reise gehen wie ich.
All die Begrenzungen und Engen läßt du hinter dir
und vertraust dich deinem Lebensfluß an.
Dann wirst du wie ich:
fließend, weich, alle Härte durch Sanftheit besiegend.
Komm, fließ mit . . .«

IM EINKLANG MIT DER LUFT . . .

»KOMM«, sagt die Luft, »WIDERSTEH MIR
NICHT.
Wenn du es aufgibst, mir zu widerstehen,
kann ich durch dich hindurchbrausen
wie ein Sturmwind
oder hindurchwehen wie ein sanfter Hauch
und dir helfen,
das dich Beschwerende
umzuwandeln in spielerische Leichtigkeit.
Werde wie ein Kind.
Laß das Heitere und Leichte in dir zu.

Laß mich, den großen Atem,
den Atem des Schöpfers,
durch dich wehen und dich erfüllen.
Alles wird dann ganz einfach werden, ganz leicht.
Ich führe dich aus der Zeitlichkeit
in die Unendlichkeit.
Komm, widersteh nicht . . .«

IM EINKLANG MIT DEM HIMMEL . . .

»KOMM«, sagt der Himmel, »SEI EINS MIT MIR.
– Wenn du dich losläßt,
um die mütterliche Ruhe der Erde
zu empfangen,
in deren Mitte das Lebendige ruht . . .
– wenn du dich auftust,
um die Strahlen der Sonne
in dir aufleuchten zu lassen
für alles, was dir begegnet . . .
– wenn du dich in den Fluß
der großen Bewegung begibst,
um so das Harte
durch das Weiche zu überwinden . . .
– wenn du dem großen Atem nicht widerstehst,
sondern dich ganz und gar von ihm erfüllen läßt,
um leicht und frei zu sein . . .
dann bist du auf dem WEG zu mir.
Hast du erkannt,
daß es auf dem WEG
einzig um das Los-Lassen geht?
Wenn du DICH los-läßt, hast du ALLES gelassen.
Wenn du DICH los-läßt, ist ALLES gut.
Dann bist du EINS MIT MIR.«

Entrückung

Im Liegen schließe ich meine Augen. Ich lasse alle Gedanken los und versuche, ganz still zu sein und leer zu
werden. So verbleibe ich einige Zeit ...

Aus dieser Leere und Stille heraus spüre ich meinen
Körper liegen. Ich lasse ihn mehr und mehr los.
Und ich gehe in das Gefühl hinein, wie es sein wird,
wenn ich ihn am Tage meines leiblichen Todes in einer
letzten Hingabe an Mutter Erde ihr völlig überlassen
werde ...
Macht mir dieses Gefühl Angst?
Oder kann ich erahnen, daß mein irdischer Körper
dann gleichsam meinen Geist freigibt für das
Licht ...?
Für diesen letzten Hingabedienst danke ich meinem
Körper und auch für alles, was er für mich tat während
meiner Erdentage.

Ich sehe ihn nun unter mir liegen, während ich als geistiges Wesen mich mehr und mehr von ihm entferne...

> Mein ganzes Trachten geht nach dem Licht, in das ich hineinschwebe. Meine Sehnsucht bringt mich ihm näher, bis ich auf einer lichtvollen Ebene bin und dort um mich schaue.
> Wie sieht es hier aus?
> Ist da jemand, der mich in diesem Licht empfängt und führen möchte?

Möchte ich nun auf dieser lichtvollen Ebene bleiben – zusammen mit der geistigen Führung – oder alleine? Oder möchte ich weiter...?

> Wenn mein Verlangen nach dem größeren Licht, das ich in der Ferne sehe, sehr tief und weit ist, werde ich ihm nachgeben...
> Einzig meine mich verzehrende Sehnsucht nach dem Licht gibt mir den Mut, in diese lichtvolle Weite hineinzuschweben bis an einen Platz, an dem es jetzt gut ist für mich.
> An diesem Platz, den ich jetzt gerade erreichen kann, bin ich einfach im Licht. Nur dies.
> Es umhüllt mich in strahlendem Glanz – es ist in mir in unendlichem Leuchten – ich bin das Licht...

Wann immer mir in den Sinn kommt, daß mein Körper noch auf der Erde weilt, und ich in ihn einziehen sollte, schwebe ich als Gestalt aus Licht zu ihm hinab...

Ich sehe ihn liegen ...
Und ich ziehe als Lichtgestalt, als Lichtwesen, wieder in ihn ein. Nicht traurig, daß ich das tun muß, sondern glücklich, daß ich ihn mit Licht erfüllen darf.
Ich spüre, wie ich das tue. Mein ganzer Körperraum wird ausgefüllt mit Licht ... Und so von inwendig fange ich durch die Haut an zu strahlen – nach außen, auf alles, was mir begegnet ...
Die Autorin dieses Buches und ihr Ehemann halten seit nunmehr über zwei Jahrzehnten Wochenendseminare ab, die von den Leitgedanken, wie in diesem Buch behandelt, getragen sind.
Genaueres ist zu erfragen bei Dr. A. und M.-L- Stangl, 64757 Rothenberg/Odenwald.

---

* (In dieser Übung ist ganz bewußt die Rückschau auf das eigene Leben als Rechenschaft, die sich die ewige Seele selbst gibt, weggelassen worden. Dies ist als Übung genau beschrieben in dem Buch »Hoffnung auf Heilung«, ECON Taschenbuch 27978. In der Übung hier, »Entrückung«, geht es nicht um Rechenschaft, sondern einzig und allein um die mystische Schau des Lichts.)

ECON ESOTERIK

François-Albert Viallet
Einladung zum Zen
200 Seiten, TB 27980-7

Die aus dem Buddhismus stammende Zen-Meditationstechnik hat in den letzten Jahren eine immer größere Verbreitung in der westlichen Welt gefunden. Nur – wie übt man Zen? Und was bringt Zen im Alltag? François-Albert Viallet gibt in diesem Buch Antworten auf diese und viele weitere Fragen. Eine lebendige und informative Einführung in die Zen-Meditation.

Anton Stangl
Die vergessene Welt der Gefühle
176 Seiten, TB 27986-6

Die Welt, in der wir leben, ist oft geprägt von Zweckmäßigkeit, Sachlichkeit und kalter Logik. Der Psychologe Anton Stangl will uns mit diesem Buch zur wahren Natur des Menschen, der in erster Linie von seinen Erlebnissen und Intuitionen geleitet wird, zurückführen.

Marie-Luise Stangl
Die Welt der Chakren
Praktische Übungen zur Seins-Erfahrung
112 Seiten, TB 27982-3
Lizenz: ECON

Die Chakren sind die Energiezentren im Körper des Menschen. In diesem Buch stellt die Entspannungstherapeutin Marie-Luise Stangl diese Zentren und ihre Besonderheiten vor. Außerdem erklärt sie meditative Techniken, mit denen die Chakren positiv stimuliert werden können und der Mensch so ruhiger, ausgeglichener und sich selbst bewußter wird.

ECON TASCHENBÜCHER

ECON

Giuseppe Tucci
Geheimnisse des Mandala
Der asiatische Weg zur Meditation
144 Seiten, TB 27981-5
Lizenz: ECON

In diesem Standardwerk stellt der Tibetologe Giuseppe Tucci das Mandala vor, eine abstrakte, bildhafte Darstellung der kosmischen Evolution und der psychischen Kraft. Anliegen des Autors ist es, die komplexe Philosophie des Mandala und der geheimnisvollen Kräfte, die nicht nur im Kosmos, sondern auch in uns selbst wirken, umfassend und leicht verständlich vorzustellen.

Helmut Barz
Vom Wesen der Seele
160 Seiten, TB 27985-8
Lizenz: ECON

Ist das, was wir „die Seele" nennen, in Wirklichkeit nichts weiter als ein Produkt physiologischer Vorgänge in der Großhirnrinde – oder hat sich das Phänomen Seele erst eine Großhirnrinde geschaffen? Der Psychotherapeut Helmut Barz versucht, diese Frage mit Hilfe der Lehre C. G. Jungs zu erklären. Außerdem enthält dieses Buch ein Kapitel über die häufigsten seelischen Erkrankungen und bietet Hilfestellung bei der Wahl eines Therapeuten.

François-Albert Viallet
Zen – Weg zum Anderen
168 Seiten, TB 27979-3

Zen bedeutet, frei übersetzt, Zustand tiefer Konzentration. Genauer gesagt ist Zen eine uralte, dabei aber immer wieder aktuelle Erkenntnis- und Meditationsmethode. In diesem Buch wird die alte japanische Lehre anhand konkreter Berichte über das Leben mit Zen, persönlicher Bekenntnisse und der Interpretation alter und neuer Texte klar, umfassend und leicht verständlich vorgestellt.

ECON TASCHENBÜCHER

ECON

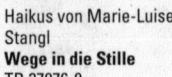

Haikus von Marie-Luise
Stangl
Wege in die Stille
TB 27976-9

Das japanische Haiku ist
eine streng gegliederte
Gedichtform mit dem An-
liegen, etwas Wesent-
liches über Natur und
Mensch auszusagen.
Dieses Buch von Marie-
Luise Stangl versammelt
über 100 Haikus, die mit
zahlreichen meditativen
Zeichnungen illustriert
sind.

Andrea-Mercedes Riegel
Die acht Unsterblichen
Chinesische Geheim-
rezepte für ein langes,
erfülltes Leben
TB 27975-0

In China ist das Streben
nach dem ewigen Leben
so alt wie das erste ver-
einte Kaiserreich. Schon
damals forschten viele
Ärzte und Wissenschaft-
ler nach Mitteln, die un-
sterblich machen sollten.
In diesem Buch werden
ihre dabei über Jahrhun-
derte weiterentwickelten
Meditations- und Atem-
techniken, gymnastische
Übungen und Rezepte
mit Heilkräutern vorge-
stellt.

Karl-Heinz Hanusch/
Sonja Klug
Ayurveda
Indische Heilweisen für
Europäer
TB 27977-7

Die indische Heilmetho-
de Ayurveda hat ihre
Wurzeln in der altindi-
schen Medizinkunst und
Philosophie.
Dieses Buch legt die
Prinzipien und Therapie-
formen des Ayurveda
dar. Dabei werden die
wichtigsten Heilkräuter
in ihrer Wirkung be-
schrieben und in Zeich-
nungen dargestellt.

Marie-Luise Stangl
Ewiges Jetzt
Übungen zum Erleben
des Seins
TB 27978-5

Dieses Buch ist ein Weg-
bereiter auf der langen
Reise ins Innere. Medita-
tive Übungen führen den
Leser zu seinem geisti-
gen Auge, machen ihn
bereit, den Augenblick
bewußt zu erleben, die
Welt und sich neu und
freier zu erfahren. In der
Leere und der Stille er-
reicht der Leser das Ge-
fühl für das Ewige im Au-
genblick.

Herbert V. Guenther
**Tantra als Lebens-
anschauung**
TB 27983-1

Das Ziel des buddhi-
stischen Tantrismus ist
die Selbstverwirklichung
des Menschen. Da der
Mensch durch seine kör-
perliche und seine gei-
stige Natur bedingt ist,
strebt die tantrische Philosophie ein harmoni-
sches Zusammenwirken
beider Komponenten an.
Denn nur demjenigen,
der sich der Einheit von
Körper und Geist bewußt
ist, wird die Seinserfah-
rung möglich.
Während für den west-
lichen Menschen die
leibliche und geistige
Natur einen unüber-
brückbaren Gegensatz
bildet, hat der Mensch in
der Anschauung des
Ostens nicht nur einen
Körper, sondern er ist
Körper. Durch die Liebe
steigt der Mensch über
verschiedene Stufen der
Begegnung zur höchsten
Erkenntnis des Seins auf.

Margrit Erni
Grenzen erfahren
TB 27984-x

Margrit Erni beschreibt
die Grenzen, denen wir
ausgesetzt sind, Grenzen
unserer Fähigkeiten,
Möglichkeiten, unserer
Wirksamkeit und Em-
pfänglichkeit. Die Autorin
versteht es, den Umgang
mit den Grenzen als Um-
gang mit dem Leben
selbst darzustellen.
Grenzen gehören zum
Leben; sie erschrecken
nicht nur, sondern schüt-
zen und bewahren zu-
gleich, sie schenken
Freiheit und geben Chan-
cen zur Weiterentwick-
lung.

ECON TASCHENBÜCHER   ECON